LE 07.09.2019

POUR ALAIN,
QUELQUES MOTS POUR
RESPIRER
LA VIE.

Carlos

Carlos Vaquera

Inspirations

Lamiroy

Ce livre est dédié à Shana Luna, une âme jeune et sensible qui n'a pas encore été dénaturée par notre société.

En espérant qu'elle trouvera la liberté de s'écarter des règles pour tracer sa propre voie.

Il en faut du courage et de la volonté pour ne pas être corrompu par ceux qui nous manipulent.

Préface

Les mots et les mains

Ce qui m'a paru très intéressant à la lecture du petit « bréviaire » que propose Carlos Vaquera à ses lecteurs, c'est qu'il s'adresse à la fois aux passionnés de magie comme aux amoureux des livres.

La magie, ce mouvement des mains qui montrent et détournent à la fois.

Les livres, ce mouvement des mots qui enchantent et dérobent à la fois.

Le magicien ainsi que l'écrivain luttent effectivement contre des ombres, celles citées par Vaquera dans son ouvrage comme des signes qui polluent notre sensibilité, érodent nos jugements, éradiquent nos libertés souvent illusoires, hélas !

Sachant que toute vie n'est qu'une partie de cartes contre ses propres ombres, ses propres hésitations, ses propres faiblesses.

Jeu égal entre ombre et lumière, d'ailleurs l'une n'existerait pas sans l'autre.

Carlos Vaquera l'a bien compris.

Dans cette lutte, magiciens et écrivains sont appelés à se dresser contre une notion du temps voulue par les ombres, rythmes imposés par nos sociétés avides de rentabilité, de fiabilité et qui empêchent tout rêveur de s'asseoir sur un banc, tout citoyen d'arrêter sa marche ne serait-ce qu'un court instant pour se donner une chance d'appréhender enfin sa part de merveilleux sur cette terre.

Mais ralentir la marche du temps, se dégager de sa propre ombre, demande une astreinte quotidienne.

Celle du magicien qui remet sans cesse son art en jeu par une pratique régulière s'appuyant sur la connaissance, l'intuition et le mental.

Celle de l'écrivain qui dresse entre lui et le monde une barrière de mots, une ligne de fiction, frontière fragile entre la règle générale et ses lois personnelles.

Mais le combat est rude.

Chez Boris Vian, on se perd dans l'ombre. Lisez « L'Automne à Pékin ».

Chez Marc Aurèle, on parvient à résister aux ombres, à la folie du pouvoir, en se réfugiant derrière l'exercice des mots. Lisez ses « Pensées ».

J'apprécie ce portrait d'homme libre, de magicien que dresse Carlos Vaquera dans son livre.

Un homme qui aime les chats, l'humour, le sens du détail, l'écoute du passé, le plaisir des contes, la relativité de tout échec, qui sait que pour chaque qualité répond un défaut, que dans chaque force se cache une faiblesse et qui, comme tout magicien, tend vers un but : celui de se transformer !

Mais jamais, un magicien ne sera donneur de leçons. Chaque carte proposée n'est qu'une possibilité. A vous de tirer celle qui vous convient, celle qui vous emmènera vers la lumière, inaccessible voyage comme disait le poète.

Et le magicien passe.

Il sait qu'il faut croire pour voir et non l'inverse...

Vous n'avez rien vu, les cartes ont dominé votre entendement ?

Donnez vous une nouvelle chance. Entamez, voyagez dans « *Inspirations* »
Les ombres se mettront à reculer.

Jean Dufaux
Septembre 2013

Ce que vous tenez entre les mains faisait partie de la première version de mon roman « *L'Empreinte de l'Invisible* » :

Deux chemins de vie. Un point dans l'espace où le hasard n'a pas sa place. Des trajectoires qui se mêlent et se démêlent. Une rencontre hors du commun : celle d'El Blanco, un magicien de l'existence avec p'tit Louis, un homme de petite taille inversement proportionnel à son grand cœur, et celle de Valéria, une jeune femme en dernière année de psychologie qui se demande pourquoi certains malades grandissent face aux épreuves et d'autres terminent complètement anéantis. La très jeune Clémentine lui offrira la plus belle et la plus terrible des réponses. Deux histoires parallèles qui vont se toucher dans l'infini amoureux. 365 jours pour récupérer une enfance volée et se rendre compte que pour faire un miracle, il faut être deux : un pour le présenter et l'autre pour y croire. Une année pour transformer à jamais des destinées et prendre conscience qu'il n'existe aucun mal d'où ne naisse un bien.

Cette histoire initiatique de presque 600 pages proposait à p'tit Louis un apprentissage philosophique sous la forme d'un écrit (un livre dans un livre – l'idée me séduisait). Au fil de mon écriture et de l'évolution de mon roman, ce projet a disparu. Mon éditeur trouvait cela dommage et m'a conseillé de le sortir en préambule à celui-ci. J'espère que vous lui donnerez raison !

© Œuvre de Francis Tabary

Préliminaire

Si tes yeux parcourent en ce moment même ces quelques lignes, c'est que tu es attiré par notre lignée ou que tu fais déjà partie de notre famille : les « *magiciens* ».

Dès lors tu comprends que la réalité des « *ombres* » (1) n'est pas la nôtre. Ils sont convaincus de posséder un libre arbitre sur leur existence, alors qu'ils ne sont que les esclaves de ceux qui les manipulent. Cette illusion de liberté leur procure un sentiment de domination. Ils veulent plus d'argent, plus de confort, plus de biens. Tous ces « plus » leur enlèvent la liberté de dire non. « *Non* ! » à une augmentation qui leur fera travailler plus d'heures et leur enlèvera le bonheur de nourrir émotionnellement leur famille. « *Non* ! » à un statut social plus élevé qui les éloignera des êtres qu'ils aiment. « *Non* ! » à cette belle maison qui les enfermera dans un prêt et dans un stress quotidien pour une vingtaine d'années.

Où se cache le Bonheur ?

Se trouve-t-il dans l'abondance ou dans la simplicité ?

Ces mots qui touchent ton esprit, ami lecteur, sont une des clefs visuelles de ma réalité. Chacune de ces pages est un mo-

---

(1) Les ombres rassemblent la plupart des hommes qui ne maîtrisent plus leur vie et que d'autres – plus puissants et plus influents – contrôlent à leur place.

ment de l'histoire commune des « *magiciens* ». Chaque chapitre aura le pouvoir de te transformer. Et si tu ressens l'envie de te replonger dedans, tu découvriras un nouveau message qui t'avait peut-être échappé lors de ta première lecture. Rien n'est fixé pour l'éternité. Tout est fluctuant. Ton instinct, ta pensée, ton esprit, ton corps ont déjà évolué depuis que tu as ouvert ce livre.

La vie passe, tu mets toute ton énergie mentale et physique à te dépasser et un jour tu trépasses. C'est la loi de l'existence, rien de plus, rien de moins.

Le seul conseil que je puisse te donner est de ne plus perdre ton temps. Viens, accompagne-moi et prends ce qu'il y a à prendre. Je te l'offre avec plaisir.

Au travers de ces quelques pages, tu appréhenderas nos « *mystères* » et ils te révéleront alors une facette inconnue de ta personnalité. Prends ton temps à les lire. Prends ton temps à te découvrir. Lis-le de la première à la dernière page ou ouvre-le au hasard (2). Il a le pouvoir t'éclairer ton chemin.

Lorsque tu refermeras ce livre, tu ne seras plus tout à fait le même. Tu « *seras* » tout simplement. Mais avant d'être, il faudra que tu abandonnes toute idée préconçue – ce puissant frein à ta transformation et à ton évolution.

Si tu oses ouvrir cette porte, de « l'ombre » tu passeras à « la lumière ». D'une « *ombre* » tu deviendras « *magicien* » de ta vie.

Sois le bienvenu !

---

(2) « Le hasard, c'est le déguisement que prend Dieu pour voyager incognito. » – Albert Einstein

1.
L'intuition

Le monde qui t'entoure est ton seul Maître. Chaque jour t'offre une leçon qui entraîne dans son sillage une nouvelle émotion. Mais chaque leçon se cache dans l'obscurité et il faut savoir l'illuminer par l'esprit afin qu'elle entre dans le cœur. Tu dois la reconnaître parmi tous ces signes qui polluent ta sensibilité. Ils sont tellement nombreux : la télévision, la politique, la presse écrite, les Smartphones, Facebook, etc. Tous ces éléments qui te manipulent et t'éloignent d'une communication vraie et sincère.

Comment savoir dans quelle direction aller ? Comment ne pas se laisser perturber par les pensées que les autres t'imposent ? Comment ne pas t'égarer ?

Ton unique chemin est celui de ton cœur. Il est l'élément intuitif de ta personne. Beaucoup de leçons lui sont cachées car ton esprit se bat contre lui. Un cœur et un esprit. Deux forces dans un même être. Deux chemins à suivre. À gauche, ton côté rationnel qui à force de trop raisonner étouffe ton instinct et te ferme la porte à de nouvelles sensations. À droite, ton côté intuitif qui vit dans l'immédiat et la spontanéité. Si tu apprends à l'écouter, tu as de grandes chances qu'il ne te déçoive jamais. Si tu te laisses envahir par toutes les manipulations que la société exerce sur toi, tu risques de l'enfermer, de l'atrophier jusqu'à avoir peur de l'entendre. Ton instinct doit te pousser à l'action. Si tu réfléchis trop, si tu utilises trop ton raisonnement, paradoxalement, tu te détourneras d'elle. Sois déraisonnable de temps en temps et écoute ton instinct car il connaît toutes les vérités. Sois raisonnable quelquefois et écoute ta raison car elle saura te préserver.

Chaque jour est un apprentissage, une chance de redevenir un élève. Chaque jour te propose une nouvelle leçon. Laisse-la te toucher au plus profond de toi. Ne lui barre pas la route. Ton esprit ne doit pas être une porte fermée, mais juste un accès intelligent à la partie la plus sensible de ton être : ton cœur.

2.
L'expérience de la connaissance

La connaissance n'est pas le but ultime.
La connaissance est intellectuelle.

L'intuition n'est pas le but ultime.
L'intuition est immédiate.

Le mental n'est pas le but ultime,
Le mental est spirituel.

Il faut conjuguer ces trois unités pour te réaliser complètement et trouver la voie du Bonheur. L'une sans les deux autres n'apporte pas une réalisation complète. Seule, elle transforme ton ego et t'amène vers une fausse piste. L'expérience de la vie a besoin d'autre chose que la connaissance. Elle nécessite autre chose que l'intuition. Elle désire plus que le mental. L'expérience de la vie a besoin d'être « trois ». Ces trois forces sont interdépendantes. Si l'une est faible, les autres doivent être fortes.

Elles sont l'expression de ta totalité.
Elles sont ton passé, ton présent et ton futur.
Elles sont tes pensées, ton instinct et tes actions.
Elles sont ton apparition, ta métamorphose et ton évolution.
Elles sont le matériel, l'irrationnel et le spirituel.
Elles sont trois à vivre sous un même « *toi* ».

L'expérience n'est qu'une route à prendre.
La connaissance n'est qu'un moyen pour mieux l'atteindre.
Et l'intuition est une porte ouverte vers l'invisible (un lieu où tout est possible).

Passé, présent et futur, trois temps qui ne font qu'un être.
Vis dans le présent et apprends de tes expériences pour mieux visualiser tes prochains défis.
Ces trois forces te montrent les signes de ta prochaine transformation.

3.
L'invisible

Les « *ombres* » ne croient qu'au visible. Ils se limitent eux-mêmes à leurs 5 sens sans jamais les exploiter totalement. Ils vivent toujours en deçà de leur potentialité.

T'es-tu déjà rendu compte de la sensibilité tactile d'un aveugle ou de son extraordinaire ouïe ? Qu'a-t-il fait, si ce n'est transformer son handicap en une force pour développer au plus haut point les autres sens qui lui restaient ? Ne serions-nous pas tous capables de le faire ?

Crois-tu que l'invisible existe ? Croire à ce que tu vois est parfois illusoire car tes yeux ont le pouvoir de te tromper. Les illusions d'optique en sont des preuves évidentes. T'es-tu déjà mis en face d'un tableau représentant le visage d'une femme ? N'as-tu pas eu la sensation qu'elle te regardait ? Et lorsque tu t'es déplacé vers la gauche, ses yeux ne t'ont-ils pas suivi ? Où que tu te trouves dans la pièce, tu avais la sensation que son regard ne te quittait plus. Si tu avais demandé à un ami de te rejoindre et de se placer à l'autre extrémité de la pièce, il t'aurait dit que c'est lui que le visage regardait et non toi. Ce que tu croyais vivre de façon unique était en fait l'expérience de chacun.

La réalité n'est pas ce que tu vois, mais ce que ton esprit interprète lorsqu'il la voit. Et ce n'est pas parce qu'elle n'est pas accessible à tes sens qu'elle n'existe pas. Pense aux molécules qui sont autour de toi et qui sont invisibles à l'œil nu. Pense aux pensées des autres que tu ne parviens pas à lire mais qui existent réellement. Il y a un monde qui t'entoure et qui est invisible aux yeux des « *ombres* ».

Chaque personne possède une aura, une énergie particulière, une certaine lumière. Les « *magiciens* » peuvent parfois la voir et la sentir, les jeunes enfants toujours. Mais toute cette énergie est difficile à conserver car les « *ombres* » ont trop de « trous » par lesquels elle peut s'échapper. Ces « fuites » sont autant de déséquilibres qui les empêchent de vivre pleinement le présent. La peur, les doutes, les craintes s'additionnent et créent ainsi d'énormes blocages.

La vie est un mystère qu'il est impossible de comprendre dans sa totalité. Il y a trop de choses qui échappent à ta raison. Prends juste conscience qu'il est là à côté de toi, accepte-le et respecte-le. La plupart des gens disent qu'il faut le voir pour le croire, et moi je crie haut et fort qu'il faut le croire pour le voir.

4.
Le bonheur

Tu es le seul responsable de ton bonheur ou de ton malheur.

L'autre peut t'aider à le construire, mais au bout du chemin c'est toi le principal architecte de ton existence. Lorsque les choses ne fonctionnent pas comme tu le souhaiterais, c'est à toi de t'adapter et de transformer ta vision des choses – quitte à prendre la décision difficile et irrévocable de quitter la personne que tu as aimée pour débuter une nouvelle histoire d'amour.

Combien d'entre les « ombres » restent avec un être qu'ils n'aiment plus et leur font encore plus de mal que de bien ? Combien d'entre eux ne parviennent pas à percer le mystère de l'amour par la faute de souvenirs blessants et d'émotions refoulées ?

Ne compte pas sur l'autre pour prendre la responsabilité de ton bien-être. Compte seulement sur toi-même et sur ta sensibilité. Je le répète encore une fois, tu es le seul véritable acteur de ta vie. Et même si tes proches ont des rôles importants à jouer, c'est à toi de trouver le refuge de ton bonheur. Il est de ton devoir de le reconnaître, de l'apprivoiser et de t'en servir. Toi seul peux le débusquer, le nourrir et le faire vivre à tes côtés.

Commence à être heureux et ensuite, tu auras le pouvoir de rendre les autres heureux. Imagine le bonheur que tu peux donner et visualise les sourires que ta présence fera naître autour de toi. Sois le bonheur et tu rayonneras de ce magnifique sentiment. Pourquoi ne pas utiliser ce qui est à portée de cœur ? Il suffit seulement de l'apprivoiser pour mieux le partager.

5.
L'amour

L'amour porte différents masques. Il y a le masque de la passion qui est souvent une très belle et douloureuse illusion. Il y a celui de l'amour à sens unique qui fait souffrir celui qui le porte. Il y a celui de l'amour interdit qui donne une fièvre passagère et puis, d'énormes souffrances. Il y a l'amour-amitié ou l'amour fraternel. Il possède une telle multitude de visages qu'il est impossible de le définir en une seule phrase.

Et toi, comment définis-tu l'amour ? Où en es-tu dans ta vie amoureuse ? As-tu choisi la personne que tu ne pouvais t'empêcher d'aimer ou te contentes-tu d'une relation confortable mais sans attirance sentimentale et amoureuse ? Est-elle ta moitié ou au contraire existe-t-elle entièrement par elle-même ? Es-tu capable de lui faire confiance sans arrière-pensée ? Arrives-tu à la valoriser par tes mots et tes gestes ? Es-tu là lorsqu'elle a besoin de toi ? Parviens-tu à vivifier ton amour en évitant les habitudes qui s'installent sournoisement ? La surprends-tu ? La désires-tu ? Es-tu certain d'avoir tout fait pour faire fructifier ton amour ou au contraire, as-tu oublié de l'entretenir ?

Toutes ces questions méritent tes réponses franches et sincères. Alors seulement tu pourras écrire ta définition de l'amour, et par la même occasion, enlever tous tes masques.

6.
Le bien et le mal

Ta vérité n'est pas une solution satisfaisante pour comprendre ce qui est en toi car elle est plurielle.

Ton passé est derrière toi. Il est fini, révolu, il ne reviendra jamais. Il peut être interprété de mille façons différentes, mais il a cette unique qualité d'être ce que tu es devenu. Ton passé est de l'histoire.

Ton présent, même s'il est dépendant de ton passé, est ton bien le plus précieux. Et comme son nom l'indique, il est un cadeau.

Ton futur quant à lui est multiple. Tu as la liberté de le créer.

Tu as le choix entre le bien et le mal. Ces deux forces seront toujours en toi. Elles ne te quitteront jamais. Parfois, elles vivront en même temps ta propre décision. Lorsque tu feras du bien par une action, elle emportera sur son passage une autre force qui fera du mal. Le jour où tu quitteras un être que tu as aimé pour un nouvel amour, le bien que tu créeras d'un côté apportera également son lot de tristesse de l'autre côté. Ces deux forces font partie de ta vie.

Pour chacune de tes qualités, il y a un défaut. Pour chacune de tes forces, il y a une fragilité. Le secret de ta réalisation humaine est de construire ton présent et non de lutter contre ton passé. Sers-toi de lui mais ne le fais pas revivre inutilement. Transforme tes erreurs et sois en harmonie avec toi-même. Accepte-les et apprends à les utiliser. Enfin, n'oublie jamais qu'il n'existe aucun mal d'où ne naisse un bien. Tout est une question de temps. Toute action entraîne une réaction. Le bien attire le bien et le mal attire le mal. Ils sont tous les deux comme deux frères. Ils ont une onde de choc plus vaste que tu ne le penses. Il suffit de t'arrêter et de t'armer de patience. Tôt ou tard la réaction de ton action se fera entendre. La vie est cyclique. Il est impossible d'être complètement heureux tout le temps. Après la tempête, le silence. Après le malheur, le Bonheur. Tout est une question de temps.

Inspiration

Le vieux sage respectait tant la vie que depuis plus de cinquante ans, il se nourrissait exclusivement de laitues qu'il cultivait avec passion et amour dans son jardin. Un jour, trois de ses disciples vinrent lui rendre visite. Il leur montra avec fierté ses belles créations. Sur l'une d'elles, un de ses disciples découvrit une limace. Il posa son pied dessus et d'un geste ferme l'écrasa.

Le deuxième disciple dit alors au sage : « *Maître, ce qu'il vient de faire est mal. La vie est trop précieuse pour ne pas la respecter.* »

Le vieux sage le regarda droit dans les yeux et répondit : « Tu as raison ! »

Celui qui avait écrasé la limace dit : « *Mais Maître, cette limace était en train de dévorer votre laitue. Celle qui vous donne une si belle énergie. J'ai bien fait de tuer cette limace qui tuait votre énergie !* »

Le vieux sage le regarda droit dans les yeux et répondit : « *Tu as raison !* »

Sur ces mots, le troisième disciple dit : « *Mais Maître, si l'un a raison, l'autre ne peut pas avoir raison !* »

Et le vieux sage le regarda droit dans les yeux et dit : « *Tu as raison !* »

7.
L'âme d'enfant

Si tu as gardé ton âme d'enfant, cela signifie que tu abordes chaque jour avec la spontanéité de l'instant. Comme tu le sais, un enfant ne regarde pas avec les yeux mais avec le cœur. Ce qui lui importe c'est ce qu'il ressent et non pas ce qu'il pense. Vivre dans le présent te permet d'avancer dans la vie sans avoir peur du futur. Ce n'est pas ton passé qui te bouleverse mais l'attention que tu lui portes.

Lire le futur est facile si tu connais ton passé. Redeviens l'enfant que tu étais. Voyage à cette époque où l'insouciance régnait en maître. Retrouve ta totale liberté. Si tu es libre de toute contrainte, tu seras à la fois souple et sans gravité, à la fois spontané et sans idées préconçues. Apprends à revivre ce temps où seul le présent comptait. Ne le tue pas irrémédiablement. Retourne à cette époque faite de curiosité et de découvertes. Reviens-y pour t'y ressourcer, pour récupérer tes talents oubliés et pour retrouver ton instinct naturel. Ressens ces dons de la nature. Fais-les tiens et détache-toi de ta raison. Prends-les comme un bagage du temps qui te permettra de vivre ton précieux présent plus pleinement. Une fois que tu as acquis ce talent, détache-toi de ton passé et profite précieusement de l'instant. L'enfant qui est en toi t'autorise à ne faire qu'une chose à la fois au lieu de t'éparpiller. Il t'aide à te focaliser sur une unique action au lieu de te dissiper dans toutes les directions. Être présent dans chacune de tes actions c'est savoir profiter du moment. C'est de cette unique façon que tu peux savourer la richesse de la vie. Il n'y a rien de plus important pour être heureux ici et maintenant.

Nous sommes tous condamnés à mourir et nous ne connaissons pas à l'avance la date de notre disparition terrestre. Quand arrivera notre transformation ? Aujourd'hui ? Demain ? Après-demain ? Impossible de le savoir ! C'est pour cela que le bonheur est inscrit dans l'instant. Pas dans le demain et encore moins dans le lendemain. Tu dois être prêt à quitter ton passé pour devenir ton présent. Tu dois construire ton futur mais sans t'y attacher car la vie réserve trop de surprises, bonnes et mauvaises. Si tu le fais, tu savoureras ce que la vie a à t'offrir. Tu l'accepteras en l'utilisant comme un don et tu t'en serviras pour être en harmonie avec le temps présent. Et seulement dans l'instant tu vaincras ton passé en te détachant des souffrances qu'il t'a infligées.

La qualité de ton présent n'est pas ce qu'il est en lui-même mais plutôt ce qu'il représente pour toi et la manière dont tu l'utilises. Pour cela, valorise chaque instant comme s'il était le premier et non le dernier. S'il était le dernier, tu emmènerais avec toi trop d'idées préconçues. En le considérant comme le premier, tu seras à nouveau cet enfant qui a soif de découvertes et de curiosité. Toutes tes explorations auront alors des choses à te dire. C'est la seule manière de vivre sans regrets ni remords.

8.
Les chats

Laisse-toi envahir par les félins. Accepte-les comme tes maîtres. Ils ont beaucoup de choses à t'apprendre.

Observe-les, étudie-les et copie-les. Ils sont toujours centrés. Quoi qu'ils fassent, ils sont unis avec le présent. Ils peuvent, dans l'instant, passer du relâchement à la concentration, de la douceur à la férocité, du calme à l'action. Ils « sont » simplement ici et maintenant.

Discrets et subtils, ils te donnent et ils te reçoivent. Caresse-les en silence en profitant de leur doux ronronnement et ils t'inviteront à accéder à un bien-être complet.

Souvent ce sont eux qui te choisissent et qui deviennent l'âme de ton habitation. Leur pouvoir de guérison est infini. Leur pouvoir d'abandon aussi. Ils sont capables de recevoir toutes tes blessures pour te les enlever et ainsi se sacrifier pour toi. Ils les absorbent totalement pour te guérir et récupèrent tous tes symptômes. Maintenant tu le sais !

Ne les considère plus comme de simples animaux de compagnie, ils sont bien plus que cela ! Ils sont ton refuge, ta parenthèse d'oubli et ton équilibre de vie.

9.
L'humour

Aujourd'hui, certains d'entre nous exercent une drôle de thérapie : le rire. Le rire c'est du sérieux! Il paraîtrait même que c'est un comportement réflexe, c'est-à-dire une réponse musculaire involontaire. Ce dont je doute drôlement. Hi hi hi... pardon, c'est nerveux...

Et puis, il y en a d'autres qui en font un rite et un exercice constant en pratiquant le yoga du rire. Ommmm...

Au XVème siècle une école du rire – on l'appelait alors une école de fous – a même vu le jour. Je parle bien sûr des fous du roi qui avaient le pouvoir de transmettre toutes les vérités si elles s'exprimaient par le ton de la plaisanterie et, à l'inverse, de dire des choses anodines sur un ton grave.

Le fou du roi écoutait, observait et réagissait selon ses envies pour aider les autres à mieux discerner les vérités. Il était capable de dénoncer les abus de pouvoir, les conflits d'intérêts, et les travers des uns et des autres. Je vous l'avais dit : le rire c'est du sérieux ! Surtout quand il sert à dédramatiser une situation, comme dirait mon amie Kathleen.

Il y a de cela quelques années, en France, « les Inconnus » ont joué ce rôle à merveille en nous faisant réfléchir par le rire (souvenez-vous de leur clip « Rap-Tout » qui parlait des taxes sur les péages, héritages et autres partages, sur les droits d'immatriculation et de successions, sur la taxe foncière, la taxe immobilière et j'en passe et des plus familières). Coluche remplissait également à merveille cette fonction.

Ce que je te propose est d'aller au plus vite te procurer la série complète des dvd's des « Inconnus », ainsi que celle de « Seinfeld ». Ton traitement est simple : regarde tous les jours un sketch des « Inconnus » ou savoure un épisode de « Seinfeld ». Ces 26 minutes (dans le cas de Seinfeld) te permettront de t'auto-masser, de travailler ta respiration, ton système immunitaire, ton système cardio-vasculaire et ton humeur (pour ne parler que de certains aspects physiques et psychologiques du pouvoir du rire sur la santé). Oui, je suis d'accord avec toi ce traitement devrait être remboursé par la mutuelle !

10.
Le détail

Le secret du plaisir est dans le détail.

Le plaisir d'aimer n'est pas simplement l'acte d'aimer. C'est son parfum, son vêtement, son expectative et sa culture. C'est aussi l'abandon dans l'amour. Ce sont mille et une choses qui l'entourent et qui lui sont indispensables. Sans tous ces détails, tu empêches ce sentiment de s'épanouir. Tu l'étouffes machinalement. Et par la même occasion, tu tues le plaisir de construire une histoire à deux.

Fais vivre ton plaisir dans les détails. Le plaisir d'aimer ne commence pas au premier baiser, mais bien avant. Au moment de te préparer pour aller rencontrer ton amoureuse ou ton amoureux. Au moment de ton entrée dans ce restaurant où tu vas l'attendre avec anxiété. Dans le parfum qui l'entoure. Dans son sourire qu'elle ou qu'il t'offre généreusement. Dans ses gestes emplis de volupté. Dans ses paroles qui trahissent son affection. Cultive-le, apprécie-le et retiens-le. Tu le vivras alors intensément et naturellement. Le moindre détail qui t'entoure sera déjà une source de plaisir. Et tu te souviendras de la citation de ce grand « *magicien* » qu'était Léonard de Vinci : « *Les détails font la perfection, et la perfection n'est pas un détail.* »

Qu'il est bon d'accumuler des bonheurs miniatures pour les rassembler en un grand et large bonheur !

11.
L'échec

N'aie pas peur des échecs. Ils sont autant de ponts qui t'amèneront à grandir. Les avoir côtoyés te rend plus humble et efface ton ego. Tu deviens alors plus accessible et plus ouvert aux autres. Ton empathie augmente en même temps que ta compréhension du monde. Ils ont le pouvoir de remettre toutes tes pendules à l'heure. Et comme de toute manière la perfection n'existe pas, il te suffit d'être heureux sans elle.

Affirme tout ce que tu entreprends. Il vaut mieux mettre toute ton énergie dans un chemin semé d'embûches, que rester sur place par peur de l'échec. À force de ne rien entreprendre, tu perds du terrain et les autres ne t'attendront pas. Ils iront de l'avant. Si tu t'obstines dans l'immobilité, tu te perdras dans la peur d'oser entreprendre un nouveau défi. Ne laisse pas l'inactivité s'immiscer en toi. Tu ne pourras pas aisément t'en débarrasser. Sois ton propre maître et accepte tes erreurs. Elles sont les fruits de ton expérience. N'en aie aucune honte, mais apprends vite à ne pas recommencer deux fois la même faute.

Si ton passé ne t'enseigne rien, comment vas-tu construire ton futur ? Malgré toute ta sagesse, tu restes un être humain. Tu es donc imparfait. L'acte de se tromper est dans ta nature. Accepte-le.

La véritable erreur est de ne pas te servir de tes erreurs. Ne les enferme pas dans un tiroir de ta mémoire car tu risques de les oublier pour t'en rappeler trop tard. Aide-toi de ton passé pour grandir dans ton présent. Si tu apprends cette simple leçon, alors ton cycle négatif s'éloignera de toi. Le positif attire toujours la même force. Et souviens-toi qu'un échec peut être aussi une réussite… qui est arrivée au mauvais moment. *

---

* Un exemple parmi tant d'autres : fin des années 70 Claude Barzotti sort en Belgique un disque intitulé « Madame ». Il se vend à peine à quelques centaines d'exemplaires. Quelques années plus tard (en 1981), il le ressort en France et devient disque de Platine en le vendant à plus de 400000 exemplaires !

« Réussir, c'est aller d'échec en échec sans perdre son enthousiasme. » – Winston Churchill

12.
L'obstacle

Devant un obstacle, il y a plusieurs attitudes à adopter. Soit tu baisses les bras et tu restes là sans évoluer. Soit tu l'ignores et tôt ou tard tu tomberas d'encore plus haut. Tu peux l'affronter et t'endurcir ou tu peux l'utiliser pour ajouter ton énergie à la sienne. Tu peux également le contourner afin de préserver ta force. Mais en aucun cas tu ne dois lui tourner le dos.

Tes yeux sont tes capteurs d'énergies. Ils sont ton lien avec le monde extérieur. Ils sont le chemin de ton âme. Ils sont les fenêtres de ton courage. Ils sont les portes de tes peurs. Ne baisse jamais les yeux. Avec ta peur ou ton courage tu affronteras toujours ta destinée avec fierté.

La vie t'offre le meilleur comme le pire, juste pour te permettre de grandir dans le mal ou dans le plaisir. Un obstacle est une opportunité pour affronter tes craintes. N'oublie pas que derrière chaque peur se cache un désir : « *J'ai peur de te perdre car je désire faire ma vie avec toi !* » Maintenant que tu sais qu'elle renferme le plus précieux des désirs, c'est à toi de choisir d'affronter l'obstacle ou de fuir.

Inspiration

Le vieux sage nous parla de cette expérience de vie dont il avait été témoin. Il se rappelait très nettement du jour où il avait surpris par la fenêtre cet enfant qui s'était approché d'un bocal rempli de magnifiques noix. Il l'avait vu glisser sa main afin d'en retirer la plus grande quantité possible. Malheureusement son poing fermé ne passait plus à travers le goulot. Malgré ses différentes tentatives et la douleur qu'il avait ressentie, il n'avait pas réussi à libérer sa main et son contenu. Soudain, comme s'il avait compris instinctivement ce qu'il devait faire, il l'ouvrit lentement pour relâcher toutes les noix. Ensuite, il les sortit une à une pour profiter sereinement de leur goût exquis. C'est à ce moment précis que notre vieux sage comprit le pouvoir du lâcher prise face à un obstacle.

13.
Le pouvoir de la visualisation

C'est le « *magicien* » et professeur Edmund Jacobson qui en 1942 a mesuré pour la première fois le pouvoir de la visualisation en plaçant sur une table un coureur professionnel qui était en relaxation totale. Il lui a mis des électrodes sur les jambes et il lui a demandé d'imaginer qu'il était en train de courir. Il a alors pu nettement s'apercevoir que le travail musculaire créé par l'esprit s'apparentait à celui créé par un véritable effort physique. De là est née la théorie qui enseigne que l'esprit ne fait aucune différence entre une situation réelle et une situation purement imaginée. Aujourd'hui, les athlètes utilisent ce pouvoir en travaillant leur préparation mentale, la visualisation de leur épreuve et l'anticipation de leur performance.

L'idée que tu te fais des difficultés est donc plus importante que les difficultés elles-mêmes. Si tu penses être incapable de réaliser une action, ton esprit va envoyer des messages à ton corps qui va limiter ou supprimer ta capacité à l'accomplir. Ton intention est plus importante que l'action elle-même. L'exemple de l'enfant qui se tient en équilibre sur une chaise et que sa maman gronde en disant : « *Attention tu vas tomber !* » introduit dans son esprit l'image de la chute, et par conséquent, les probabilités pour qu'il tombe sont grandes. En revanche, si elle avait dit : « *Reste sur place et garde ton équilibre !* », il y a de fortes chances pour que la maman arrive à temps pour le prendre dans ses bras.

Ne viens-tu pas de voir en images ce dont je viens de te parler ? C'est justement ce qui rend magique un roman. Cette façon subtile dont tu visualises les mots de chaque page. Par le pouvoir de la visualisation, ils se transforment en images et il est fort probable que ton interprétation soit différente de celle de ton voisin. C'est une des raisons pour laquelle tu es souvent déçu par un film que tu as déjà découvert en roman. Au lieu de le « voir » avec ton esprit, le réalisateur t'impose sa vision des choses.

Je te conseille dès ton réveil de visualiser les trois êtres qui comptent le plus pour toi. Ensuite, envoie-leur ton amour le plus profond. Et tu constateras qu'une pensée peut devenir aussi puissante qu'une action.

14.
La mort

La mort n'est pas une fin en soi.

Au lieu d'être triste par la perte d'un être aimé, pourquoi ne pas penser à tout ce qu'il ou elle t'a procuré comme bonheur ? En visualisant, puis ressentant ces beaux moments, tu seras empli d'une belle énergie d'espoir et tu seras heureux de ce qu'elle t'a donné et a fait naître en toi. En pensant de cette manière, tu valoriseras ses cadeaux.

Ne regrette rien. Au contraire, remercie la vie de t'avoir procuré autant de plaisir. Et souviens-toi que la mort n'est pas une fin en soi. Elle annonce simplement un départ vers une nouvelle destination.

Chaque mort est une souffrance. Chaque vie l'est aussi. La naissance et la mort ne sont qu'un. L'une et l'autre à chacune des extrémités de ta ligne de vie. Elles font partie d'un même processus. La mort n'est pas triste puisqu'elle est l'aboutissement de la vie. Ce n'est donc pas son résultat qui est accablant, c'est ce qu'il y a eu avant. Tous ces projets que tu n'as pas su construire, tous ces rêves qui ne sont pas devenus des réalités, tous ces espoirs qui se sont envolés.

Ce qui est malheureux, c'est de ne pas avoir vécu ta vie telle que tu te l'imaginais.

Ce qui est désolant, c'est de ne pas l'avoir construite telle que tu la désirais.

Tu es le maître de ta vie et de tes envies. Apprends à jouer avec ton imaginaire afin qu'il devienne ta réalité. N'oublie pas tes peurs et utilise-les pour te dépasser. Laisse les choses trop lourdes là où tu les as trouvées. Une fois soulevées, dépose-les et ne les emporte pas avec toi. Ne t'encombre jamais de choses inutiles. Tes excédents de bagages te seront toujours tôt ou tard facturés. Vis libre et tu prendras conscience que rien n'est impossible pour un « *magicien* ».

15.
Les deux réalités

Que vaut-il mieux : vivre dans une réalité qui t'empêche d'être heureux ou t'en créer une autre qui t'apporte du bonheur ?

La seule différence entre elles, c'est la foi ! Qu'elle soit en ta personne ou en un être supérieur invisible. Que tu l'appelles Bouddha, Yahvé ou Allah.

Si tu te crées une réalité qui te permet d'accéder à un mieux-être, alors ne te prive pas de ce luxe. Accepte-le comme un cadeau divin. Souvent tu cherches le bonheur trop loin, alors qu'il est juste en toi. Il ne se trouve pas dans les biens que tu accumules et qui ne te procurent qu'un plaisir momentané. Il est un état d'esprit que tu te crées et que tu nourris tous les jours. Tu le reconnais par sa durabilité et sa stabilité. Tu as le choix entre une autoroute d'apparences ou un sentier de simplicité. Lequel choisis-tu de prendre ?

Délivre-toi des voies qui t'éloignent de ta vérité. Toi seul as le pouvoir de reconnaître ses pas et de les suivre. Et s'ils laissent une marque assez profonde pour être vus, sache que d'autres prendront le même chemin.

La réalité n'est pas ce que tu vois, mais ce que ton esprit fabrique lorsqu'il la voit.

16.
L'amitié

L'amitié comme l'amour peut revêtir deux costumes : celui du cœur et celui de l'intérêt. Tes amis de cœur sont là pour la personne que tu es. Ils t'accompagnent dans ta vie sans porter de jugement sur toi et sur tes actions. Ils t'apportent un conseil sain et sincère. Ils ne te jugent pas, même s'ils ne sont pas toujours d'accord avec toi. La plupart du temps, ils étaient là alors que tu n'étais rien et ils t'ont suivi dans l'ombre de ton succès.

En revanche, tes amis d'intérêt apprécient davantage ton statut social que ta personne. Tout ce qu'ils voient c'est ce que tu représentes et ce que tu peux leur apporter. Bien souvent, ils diront en face de toi une chose et, dès que tu auras le dos tourné, son contraire. Crois-tu qu'ils méritent le nom d'amis ? Si tu le penses, c'est qu'ils sont déjà sur ta page Facebook.

Dès qu'un coup du sort s'immiscera dans ta vie, tu noteras rapidement la différence entre ces amis-là et les autres. C'est à ce moment précis qu'un vrai nettoyage s'effectuera naturellement. Alors seulement tu te rendras compte qu'une main suffira pour les compter et tu pourras enfin oublier ton clavier.

17.
Le changement

Existe-t-il un seul présent ? Existe-t-il un unique futur ? Sont-ils aussi nombreux que la somme de tous les individus réunis sur notre mère la Terre ?

Nous ne sommes pas tous capables de vivre de grandes aventures, mais nous sommes tous capables d'entreprendre de petits voyages. Et parfois la somme de tous ces petits voyages dépasse la grande aventure du héros de l'actualité.

Les plus belles histoires sont souvent anonymes, mais elles seront toujours véhiculées de bouche à oreille. L'homme a besoin de les entendre. Vis donc tes aventures jusqu'au bout et lorsqu'à la fin de ton parcours terrestre, tu comptabiliseras tous tes petits voyages, peut-être seront-ils la plus belle de toutes les expéditions.

Nombreux sont ceux qui veulent changer irrémédiablement, mais personne ne peut le faire du jour au lendemain. Chaque changement prend du temps et apporte une zone d'inconfort. Tu dois alors t'adapter à une nouvelle situation qui entraîne un déséquilibre de vie. Lorsque cette étape est derrière toi, ta vie intérieure se transforme lentement et sans faire beaucoup de bruit. Ta métamorphose est discrète, mais elle te propose une nouvelle escale vers cette sagesse que tu désires tant.

Les « *magiciens* » et les « *ombres* » sont tous nés avec le même but : celui de se transformer. Certains travaillent pour y arriver et d'autres baissent les bras dès le premier obstacle rencontré. Chaque être possède son pouvoir. Chaque personne doit affronter son défi. Chacun doit trouver sa route, sa porte et sa clef. Chaque étape peut te consolider ou te fragiliser. Tu es ton libre arbitre. Le bien existe et le mal aussi. Il y aura toujours les riches et les pauvres. Il y aura toujours les suivis et les suiveurs. À toi de changer pour créer ta réalité. Comment ? Tout simplement en devenant le héros de ton histoire. En prenant les bonnes décisions au bon moment. En écoutant ton instinct et en prenant des risques. Tu deviendras alors cet être qui prend pleinement conscience que les problèmes d'aujourd'hui ne se résolvent pas avec les solutions d'hier. Et l'adage « s'adapter ou mourir » aura une profonde résonance en toi.

Rien n'est éternel, tout change et se transforme. Imagine que tu poses tes pieds dans une rivière. Demain, si tu accomplis ce même acte à la même heure, tu auras la sensation de revivre la même expérience. Et pourtant ce sera une illusion de ton esprit car si l'heure est identique, l'eau ne sera plus la même. Tes pieds seront caressés par une eau différente de celle d'hier. Tu ne pourras plus jamais entrer en contact avec la même eau, le même courant. La vie est mouvance et rien n'existe comme tu crois l'avoir déjà vu ! Accepte cette réalité et le poids de ton existence sera soudain moins lourd.

Si tu prends conscience que chaque jour modifie ton corps et tes pensées, tu pourras affronter le changement sans résistance. Alors seulement tu pourras vivre en paix avec toi-même et en harmonie avec les autres. La joie de vivre sera présente à toutes les étapes de ta vie jusqu'à ton dernier souffle. Il suffit d'adopter cette forme de pensée.

18.
Le moment juste

La vie peut être injuste et cruelle, mais elle t'offre à chaque instant le pouvoir de grandir. Tout n'est qu'une question de choix. Il suffit de se diriger vers le bon.

Dans la vie, les « *ombres* » rencontrent les « *magiciens* », mais ils ne sont pas tous capables de les reconnaître. Est-ce la faute à « *l'ombre* » ou au « *magicien* »? Ou peut-être, le moment n'était-il pas juste ?

Certains événements de ta vie n'apparaîtront qu'une seule fois. Si tu n'en prends pas conscience dans l'instant, ils ne reviendront plus jamais. L'existence est faite de sensations puis de décisions. Elle est aussi un changement continuel. Chaque nouvelle étape t'apporte une gêne. Ce n'est qu'après une période d'adaptation que le confort revient. Sois conscient de ces étapes de transition. Ne sois pas trop pressé de les dépasser. Ton corps et ton esprit doivent être prêts. Si ces événements se présentent à toi trop tôt, c'est l'accident. S'ils arrivent trop tard, tu es perdant. Il n'y a que l'instant juste qui t'offrira la victoire. Apprends à le déceler et à l'utiliser dans l'instant.

Comment ?

En développant ton intuition.

19.
Le voyage du temps

L'eau est la vie.
Le bateau est ton corps.
Le gouvernail est ton esprit.
Le courant est ton émotion.

La vague est ton instinct.

Parfois elle est trop forte et elle t'emporte au loin. Dans ces moments-là, tu t'égares et tu risques de ne pas sortir indemne.

Veille à gouverner ton bateau et à faire un plan de route afin d'éviter de te perdre. Il y aura toujours des intempéries. L'important est de savoir les gérer dans le calme de ton esprit pour mieux te diriger dans la vie. Ensuite, elles se neutraliseront.

Prends rapidement conscience que plus ton bateau prend de l'âge et plus tu dois en prendre soin. Avec le temps, apprends à voyager dans des eaux calmes, loin du danger, des tempêtes et des vents forts. Fixe-toi un objectif clair dans ta vie et ne te laisse plus surprendre. Si tu sais observer, anticiper et reconnaître les signes du temps, tu ne lutteras plus contre lui. Il deviendra ton plus puissant allié et il t'emportera bien plus loin que les « *ombres* ». S'il devient ton ami, alors tu verras que tu en disposeras bien mieux qu'eux.

Le mystère du temps est de savoir l'adopter, l'aimer et le gérer.

Il est temps que tu en prennes conscience !

Inspiration

Le vieux sage était devant un parterre d'hommes d'affaires plus fortunés les uns que les autres. De sa besace il sortit un gobelet en plastique transparent. Il le déposa sur la table, puis prit un petit sac contenant des cailloux qu'il plaça délicatement un à un dans le gobelet. Lorsqu'il fut rempli à ras bord, il leva les yeux vers son précieux auditoire et leur demanda si le gobelet était plein. Tous répondirent par l'affirmative. Sa main retourna alors dans sa besace pour en sortir un autre petit sac remplit de gravier. Il versa avec minutie son contenu dans le gobelet, puis il le secoua doucement afin que le gravier s'infiltre entre les cailloux. Le vieux sage leva à nouveau ses yeux vers son auditoire et demanda une fois encore si le gobelet était rempli. Cette fois, son brillant auditoire comprit le jeu de réflexion qu'il leur proposait et l'un d'entre eux dit : « *Non !* ». Sans détourner son regard, il prit dans sa besace un troisième petit sac rempli de sable qu'il versa lentement dans le gobelet, et qu'il secoua à nouveau. Le sable se dispersa pour remplir son espace vide. Encore une fois, il demanda s'il était plein. L'auditoire répondit à l'unanimité que non ! Et comme ils s'y attendaient, le vieux sage prit une petite bouteille d'eau et versa lentement son contenu dans le gobelet. Il leva ses yeux vers ce groupe élitiste et leur demanda quelle simple vérité démontrait cette expérience. Le plus égocentrique des hommes d'affaires dit : « *Cette expérience démontre que lorsque nous pensons que notre agenda est rempli, nous pouvons toujours ajouter d'autres choses* ». Le vieux sage répondit que là ne se cachait pas la vérité. Ce que démontrait cette simple expérience est que si vous ne mettez pas les gros cailloux en premier, vous ne pourrez pas les rentrer par la suite ! Il y eut un profond silence dans l'assemblée. Chacun percevant cette vérité à sa manière. Le vieux sage leur demanda alors quels étaient leurs gros cailloux. Était-ce leur santé ? Leur travail ? Leur famille ? Ce qu'ils doivent reconnaître avant tout sont leurs cailloux, sinon ils risquent de passer à côté de leur vie ! Si vous donnez une priorité aux petites choses : le gravier, le sable ou l'eau, vous remplirez votre vie de futilités. Vous n'aurez plus le temps pour vous consacrer aux éléments importants de votre existence. Alors n'oubliez pas de vous poser les bonnes questions : quels sont les cailloux de votre vie ? Que devez-vous mettre en premier dans votre existence ?

20.
Être ou paraître

Dans la vie, tu es un être sans limites. Accepte d'être et refuse de changer d'identité pour le plaisir ou la volonté d'une autre personne. Si tu tentes de plaire à l'autre en reniant tes racines ou en masquant ta véritable identité, tu ralentiras ta progression. Tu te retrouveras en déséquilibre instable avec le risque de ne plus pouvoir avancer ou reculer.

Tu dois être capable de laisser de côté le rôle que tu interprètes en société afin d'offrir à tes proches ta vraie personnalité. C'est par cette voie qu'ils sentiront enfin qu'ils sont en contact avec ta nature profonde. Tu seras alors toi-même et tu vivras ta vie sans attendre l'approbation de ton entourage.

Ceux qui ont réussi l'impossible étaient ceux qui ignoraient totalement l'avis des autres. En fait, ils ne savaient même pas que l'aventure qu'ils tentaient était irréalisable. Ils ont cru en eux sans se poser de questions et ils ont foncé tête baissée. Ils n'ont pas été freinés par leurs pensées limitantes ou par la mauvaise influence de ceux qui les entouraient. Ils se sont fait confiance aveuglément.

D'autres sont déjà perdants avant même de commencer. Si ton but est d'essayer, alors il y a un grand risque que tu échoues. Essayer c'est s'injecter le virus de l'échec. Un gagnant ne dira jamais : « *Je vais essayer de gagner* » ; il gagnera, c'est aussi simple que cela !

Il y a également ces personnes qui veulent attirer l'attention sur eux et être reconnues à tout prix. Elles jouent sur les apparences et risquent tôt ou tard de se brûler les ailes.

À l'opposé, il y a ceux qui respectent leur authenticité et oublient leur ego. Ils ne veulent pas qu'on les reconnaisse mais plus simplement que l'on reconnaisse leur talent. Certains sont prêts à tout pour être dans la lumière, alors que d'autres sont simplement lumineux. Si ton but est d'être toi-même sans artifice et sans masque, alors ton chemin sera éclairé.

21.
La technique

Acquérir une technique, qu'elle soit artistique ou non, demande trois éléments : du temps, de la régularité et de la concentration.

Tu peux passer beaucoup de temps sans une grande concentration.

Tu peux passer peu de temps avec beaucoup de concentration.

Tu peux le faire de temps à autre ou tu peux t'exercer plus régulièrement.

Tout n'est qu'une question de choix et de volonté. Quel est ton choix et quelle est ta volonté ?

La technique est un moyen pour communiquer ta vie intérieure. Elle doit te parler. Elle parle à ton mental, à ton instinct et à ton corps. Si tu comprends ces trois langages, tu la maîtriseras totalement. Si tu en oublies un, tu ne seras jamais totalement son maître.

Multiplie tes efforts, pratique-la sans cesse, fais-la tienne et tu deviendras la technique. Elle sera alors sans effort et juste. C'est de cette façon que tu te l'approprieras et qu'elle semblera ne plus exister. L'art qui cache l'art est ce que tu dois rechercher. C'est la simplicité dans la difficulté. Mais attention car la simplicité n'est qu'une apparence, et elle est loin d'être facile à atteindre !

22.
L'intérieur et l'extérieur

Tu peux être à la fois intérieur et extérieur. Tu peux l'être en même temps ou tu peux passer d'un état à l'autre. L'intérieur est mental, tandis que l'extérieur est physique. L'un est réaction, tandis que l'autre est action. L'un et l'autre s'unissent et s'alternent. Ils se complètent et se multiplient.

Ne te laisse pas distraire par le monde extérieur. Souvent, il n'est qu'illusion. Libère-toi de tes idées préconçues et tu deviendras un homme aussi libre que le « *magicien* ».

La peur, le remords, la crainte et le doute font partie de ton monde intérieur. Ne les rejette pas, mais dans l'action, oublie-les. Si à ce moment précis, ils sont en toi, ils seront des freins qui t'empêcheront de t'exprimer pleinement. Puis ces freins deviendront des verrous qui te condamneront à ne plus être libre.

Être condamné à travailler pour les autres, à se plier à leurs exigences, est le chemin qu'empruntent les « *ombres* ». Un « *magicien* » a le pouvoir de voir les mêmes choses que les autres mais avec un regard différent. Il possède une flexibilité mentale qui le rend unique.

Être libre, c'est vider son esprit afin qu'il puisse tout accueillir, de l'élément le plus simple au plus complexe, de l'élément le plus naturel au plus précieux. Cette vue de l'esprit se travaille de l'intérieur et prend forme à l'extérieur. L'un et l'autre sont en toi, l'un et l'autre sont liés ! Ton monde interne doit nourrir ton monde externe. À toi d'utiliser chaque monde à plein rendement.

23.
La pratique

La pratique est la clef du succès. Elle réunit toutes les techniques que tu as assimilées tout au long de ton parcours de vie. Elle englobe tout ce qui pour toi a de l'importance : la nutrition, la méditation, l'art, le sport, etc. Mais elle doit être dirigée, pensée et corrigée.

Si elle est profonde, elle t'emporte vers une connaissance profonde.
Si elle est légère, elle t'amène vers une connaissance superficielle.
Si elle n'est pas bien pratiquée, elle génère de mauvaises habitudes.

Elle est une clef à multiples serrures, et pourtant une seule t'invite au succès.

Ce que tu n'utilises pas se réduit.
Ce que tu n'entretiens pas s'atrophie.
Ce que tu ne travailles pas tend à disparaître.

Utilise ton corps et ton esprit totalement. Et souviens-toi que le premier se flétrit avec les années tandis que le second se fortifie. Le corps est périssable, tandis que l'esprit est immortel. L'un et l'autre sont unis. L'un et l'autre sont forts. L'un compense l'autre dans le temps. L'un aide l'autre jusqu'à la fin. Qu'importe si tu reviens à la vie après la mort, puisque tu ne gardes aucun souvenir de ce que tu as vécu antérieurement. Alors profite de ton corps et prends soin de lui afin qu'il t'accompagne sereinement jusqu'à la fin de ton livre de vie. Fais-le maintenant car demain il sera trop tard.

24.
Le mental

Le pouvoir du mental est illimité. Il t'offre toutes les possibilités. Prenons l'image de cette planche en bois longue de 5 mètres et d'une largeur de 20 cm. Elle est simplement posée par terre. Penses-tu pouvoir accéder à l'autre extrémité sans poser une seule fois ton pied sur le sol ?

Imagine la même planche suspendue à 10 mètres de hauteur. Serais-tu capable de la traverser sans crainte et sans doute ? Pourtant c'est la même planche, n'est-ce pas ? Si tu penses pouvoir le faire, tu le feras ! Si tu penses échouer, tu t'interdiras de le faire !

Tout n'est qu'une question de pensée. Alors, arrête de penser et agis ! Tu es capable de tout réussir ! Ton esprit est illimité et ton corps possède plus de ressources que tu le crois ! Rien ne t'est impossible. Si tu le veux, tu le peux. Tu n'es qu'une poussière dans l'univers, mais tu es un géant dans le microcosme. Parfois l'univers intervient et parfois tu interviens. Accepte les forces externes et joue avec tes forces internes. Qu'importe d'où tu viens, que tu sois né dans le ghetto ou avec des problèmes physiques, ta force réside dans ton mental. Ta faiblesse et ton handicap peuvent devenir une passerelle pour aller plus loin que les autres. Ton pouvoir mental peut tout transformer, ce n'est qu'une question de volonté.

Regarde derrière toi et profite de ton expérience de vie pour savoir où tu en es aujourd'hui. Ce retour dans le passé est un cadeau qui, comme le nom l'indique, est également un présent : le tien. Tu es le bonheur que tu te donnes.

Ton esprit est fort et faible à la fois. Il peut t'offrir les plus grandes joies comme les plus profondes peines. Il peut te faire souffrir au point de déséquilibrer ta vie affective comme ta vie physique. Il peut te récompenser en t'invitant à un autre niveau de conscience.

Si la maladie entre dans ton corps, c'est que tu as perdu ton équilibre et que tu es en train de lutter contre ta propre nature. Ton organisme tire le signal d'alarme. Arrête-toi sans perdre une seconde et cherche cette faille. D'où vient-elle ? Comment est-elle née ? Si tu la trouves, alors seulement tu pourras rééquilibrer tes énergies. Tu retrouveras rapidement ta santé physique et l'entièreté de tes forces. Recentre-toi et tout deviendra plus sain.

Inspiration

C'est à l'orée d'un bois que le vieux sage et ses disciples virent un éléphant adulte attaché à un petit poteau par une vieille corde. La force de l'éléphant lui aurait facilement permis de l'arracher et de s'enfuir, mais il n'en faisait rien. Les disciples intrigués posèrent alors la question du pourquoi au vieux sage. Il leur raconta l'histoire de ce jeune éléphant qui tous les matins était attaché à une corde reliée à ce même poteau, profondément enfoui dans le sol. L'homme le gardait là prisonnier jusqu'à la tombée de la nuit. Chaque jour le jeune animal tentait de s'en défaire de toutes ses forces sans y parvenir et jusqu'à tomber d'épuisement. Tous les jours, il essayait encore et toujours. Au bout de plusieurs semaines, il finit par abandonner toute tentative de se libérer. Une fois adulte, ce colosse de 5 tonnes avait inscrit dans sa mémoire ses nombreuses tentatives et ses nombreux échecs. À l'âge adulte, il aurait pu facilement se libérer, mais comme il avait déjà tant de fois essayé, il pensait aujourd'hui que c'était impossible. Le vieux sage nous dit que cette histoire d'éléphant résume malheureusement la vie de certaines personnes. Elles restent enfermées dans leur zone de confort, retenues et emprisonnées par des obstacles aussi insignifiants qu'un petit poteau et une vieille corde. La seule différence, c'est que le cordon qui les immobilise n'est en réalité qu'une illusion de l'esprit ; une croyance limitante qui empêche la majorité des êtres de réaliser leurs rêves.

25.
La vitesse

Tout va trop vite et tu n'as pas le temps de profiter du précieux présent. Tu ne cesses de passer d'une impression à une autre sans pouvoir savourer l'instant.

Lorsque tout s'accélère autour de toi, n'essaie pas de suivre le rythme que la société t'impose. Au contraire, ralentis et permets-toi de t'arrêter ! En t'arrêtant net, tu stopperas le cours du temps et tu pourras mieux le maîtriser.

Lorsque tu auras dominé le pouvoir du ralentissement et de l'arrêt, tu seras agréablement surpris par son efficacité. Cette méthode est pareille à une méditation qui te permet de ramener dans ton champ de conscience tous ces détails qui autrement t'échapperaient. En l'utilisant, tu constateras que tu auras une vision plus large et plus nette de tes problèmes. Ton niveau de stress diminuera et tu auras la conviction de mieux maîtriser tes ennuis.

Paradoxalement en t'arrêtant et en créant cette belle parenthèse, le temps ralentira et tes pensées s'accéléreront. Tout s'éclaircira et tout deviendra plus simple. Si tu penses que tu es trop occupé, alors il est temps de couper ton ordinateur, ton téléphone et de ne penser à rien d'autre qu'à ta personne. Fais-le pendant 48 heures et vois le bien que cela te procure.

Auras-tu la force mentale pour le faire ? Auras-tu le courage de te retrouver seul avec toi-même ? Oui, je comprends ta crainte et ta peur. Tu n'as pas l'habitude de faire face à ta vraie nature. Tu t'imposes trop de travail et trop de pression. Pourtant souviens-toi que tu es le centre de ton univers et qu'il n'y a que toi qui peux en prendre conscience.

Soit tu diriges ta vie, soit ce sont les autres qui le font à ta place. Soit tu détournes les règles que la société veut t'imposer, soit tu deviens l'esclave de celle-ci.

À force de courir contre le temps, tu passes à côté des plaisirs simples de l'existence. Et finalement, qu'est-ce qui est le plus important : ta famille ou ton travail ? Ta santé ou ton activité professionnelle ?

Je connais tes réponses. Maintenant, c'est à toi à passer à l'action et à te diriger vers tes priorités. Le secret est simple, il est dans l'équilibre sans excès. Je souhaite de tout cœur que tu choisisses la bonne direction.

26.
Le désir et le besoin

Fais la différence entre ce que tu désires et ce dont tu as besoin. Sens la divergence entre le nécessaire et le superflu. Apprends à être heureux avec ce que tu as et surtout ne sois pas malheureux avec ce que tu ne possèdes pas.

Souvent les « *ombres* » passent la plupart de leur existence à en vouloir toujours plus. Tous les biens qu'ils entassent ne satisfont jamais leurs désirs. Ils ont une magnifique maison, mais ils passent la plupart de leur temps au bureau. Ils ont une famille affectueuse, mais ils ne sont jamais là pour recevoir leur amour. Ils ont une seconde résidence dans le sud de la France, mais ils ne s'y rendent que deux semaines par an. Bref, ils exploitent leurs biens en surface et ils passent à côté des plaisirs simples de la vie.

Un « *magicien* » quant à lui sait profiter du peu qu'il a pour s'en satisfaire. Et ce peu est amplement suffisant. Arrête de te contenter de la surface et plonge-toi tout entier dans la profondeur. Qui d'entre les « *ombres* » peut dire tout haut qu'il a été au bout de ses possessions ? Ce n'est pas apprendre de nouvelles choses dont tu as besoin, c'est d'approfondir celles que tu as déjà expérimentées. Là réside toute la différence.

Quel dommage de ne pas utiliser tout ton potentiel humain. Qu'il est regrettable de ne pas exploiter toutes les fonctions de ton ordinateur. Quelle tristesse de ne pas approfondir toutes tes relations. Si tu as choisi ce chemin, il est sans issue car tu n'y trouveras que lassitude. Ne pars pas vers une nouvelle route si tu n'es pas certain d'avoir été au bout de celle que tu parcours ici et maintenant. Et n'oublie pas que pour avoir l'idée d'un geste, il faut le faire mille fois. Pour le connaître, il faut l'exécuter dix-mille fois. Et pour le posséder, il faut le répéter cent-mille fois !

27.
L'action

La théorie sans action ne vaut rien. Seule l'action te donnera tort ou raison. Elle seule te mènera de l'expérience à la sagesse. Elle seule te fera vivre ta réalité et produira un résultat.

Accepte la vie comme un rôle. Tu es l'acteur de ton propre film. Tu as le pouvoir de choisir de jouer le bon ou le mauvais personnage. Tu peux également refuser d'en être l'acteur principal et te limiter à un second rôle. Tu as le choix entre jouer ta vie ou décider de la subir. Tu as le pouvoir d'augmenter ta vitesse de réalisation humaine en devenant « *éveillé* », ou tu peux la freiner au point de « dormir ».

Soit tu es « *magicien* », soit tu es « *ombre* ». Tu choisis la distribution de ton histoire. Tu as la faculté d'être actif ou passif, d'être heureux ou malheureux. Mais ce choix-là, il se fait dans l'ici et le maintenant. Après, il sera trop tard !

28.
Le corps

Le corps est ton moyen de locomotion principal pour te déplacer dans ton existence. À toi de bien l'utiliser afin qu'il soit le plus longtemps possible opérationnel. Écoute-le, sens-le et préserve-le du temps. Il peut devenir le plus merveilleux des instruments si tu parviens à l'exploiter parfaitement. Comment ? En l'utilisant sainement et sans le détériorer par un excès de pratiques nocives.

Tout le monde dit que le sport fait du bien, mais chacun sait qu'à un haut niveau il abîme énormément. Utilise ton corps dès que tu en as l'occasion. Emprunte les escaliers au lieu de prendre l'ascenseur. Marche quelques centaines de mètres au lieu de prendre ta voiture.

Chaque action que tu réalises a une répercussion sur ton organisme. Ton corps est le miroir de ton être. Il reflète l'image de ta vie. Un corps mou représente une vie molle. Un corps souple, une vie ouverte aux autres. Un corps dur, une vie de discipline. Il est le reflet de la personne que tu es.

Souviens-toi que le paraître est rarement l'être. Un esprit faible dans un corps fort ne vaut rien. L'éducation de ton esprit est tout aussi importante que celle de ton corps. C'est la base de ton entraînement. Sentir avec le corps c'est bien, mais sentir avec l'esprit c'est mieux. Il faut passer de l'esprit au corps. Aucune théorie n'est valable sans l'avoir vécue dans l'action. Il faut mettre en pratique ce que tu lis et ce que tu étudies. Ce n'est que par cette voie que tu pourras vivre plus complètement. Il faut aussi apprendre à écouter les choses comme si tu les entendais pour la première fois. Il faut exécuter un mouvement comme s'il était unique et avec la conscience que tu ne pourras le réaliser qu'une seule fois.

Ne pas subir les événements, les affronter, décider de l'action juste, prendre l'initiative rapidement, anticiper, avoir une bonne image mentale de toi, garder le respect de l'autre, sont les éléments qui résument l'attitude juste face à la vie.

29.
La posture

La posture juste est un point fondamental pour être mieux dans ton corps. Elle est essentielle pour te permettre d'être parfaitement en équilibre et pour être en état de vigilance constante face aux événements.

Cette posture juste passe par les pieds (membres inférieurs), les hanches, le tronc (membres supérieurs) et le port de tête (dont le regard fait partie). Une mauvaise posture peut entraîner un mauvais état d'esprit. Lors d'une rencontre avec les « magiciens » Pierre Delorme (maître dans l'art du Kendo et de l'Iaïdo, auteur de livres et dessinateur de bandes dessinées) et Maurice Béjart, celui-ci disait :

« J'aimerais insister, sur un point qu'a développé Pierre tout à l'heure. Il vous a parlé de l'unité du corps et de l'esprit. De la vigilance du corps qui engendre celle de l'esprit. Je voyage dans le monde entier, et on me présente un peu partout les grandes personnalités, les grands artistes des pays où je suis. Une des grandes différences entre l'Occident et l'Orient tient en ceci : en Europe, en France nos grands cerveaux, philosophes, professeurs, grands chirurgiens, artistes ne sont que cérébraux. Ils sont souvent bossus, ils ne se tiennent pas droits. Surtout ils sont d'une maladresse insigne avec leurs corps. Ils renversent les objets, ils n'occupent pas harmonieusement l'espace, leur corps n'a jamais l'intelligence de

leur cerveau ! En Orient c'est tout le contraire, ou plutôt c'est très différent : un grand potier, un grand acteur, un calligraphe repus, un poète célèbre aura toujours un maintien impeccable; il y aura toujours l'harmonie du corps et de l'esprit, même si c'est apparemment un grand intellectuel. » (1)

---

(1) Extrait de « Comment être efficace en utilisant les méthodes japonaises » de Pierre Delorme, Jacques Grancher, Éditeur, Paris, 1991.

30.
Les conflits

Un conflit n'est ni positif ni négatif, c'est ce que tu en fais qui le rend productif ou non. Si tu as la force de transformer ta perception des incidents qui t'arrivent, alors chaque nouvelle expérience deviendra une source d'apprentissage.

Au lieu de vouloir te mettre en colère avec ta fille ou ton fils qui a fait une énorme bêtise, tu peux te permettre de découvrir la leçon qui se cache derrière ce conflit. Si tu apprends qu'il a commis un acte de vandalisme à l'école et si tu te mets tout de suite en colère, tu ne pourras pas entendre ses explications et le pourquoi de ses actes. Peut-être que derrière eux se cache un profond déséquilibre. Si tu choisis de le punir sans lui donner l'occasion de s'expliquer, tu créeras entre lui et toi, une nouvelle barrière de crainte et de peur. Si au contraire, tu ne t'emportes pas et que tu contrôles tes émotions, il y a de fortes chances pour qu'il se dévoile. Je prends conscience que ce n'est pas un exercice facile mais en utilisant la respiration juste (celle qui vient du hara, – du ventre) et le pouvoir de visualisation, tu seras capable de le faire. Je le répète, les conflits t'aident à grandir et à t'élever.

Comment peux-tu grandir si tu vis une vie confortable et sans soucis ? C'est dans le conflit que ton esprit combat et trouve de nouvelles stratégies. Ne pense pas qu'il soit bon ou mauvais pour toi, il est tout simplement. Mets toute ton énergie dans la solution et non pas dans le problème. Si tu parviens à contrôler tes émotions, tu l'éviteras et, comme par magie, le dialogue s'instaurera. Si, au contraire, tu te durcis, tu te fermeras et tu empêcheras l'autre d'aller vers toi.

Et surtout souviens-toi que le temps transforme tout sur son passage. Ce qui était mauvais hier ne l'est plus forcément aujourd'hui.

Inspiration

Le vieux sage était avec son disciple sur la route de la pagode pour prier les Dieux mais ne pas se reposer sur eux (1). Il savait pertinemment bien qu'à certains moments de l'existence, il ne fallait compter que sur soi-même. À cette époque, la saison des pluies avait rendu toutes les routes boueuses. À un tournant, ils virent une magnifique jeune femme vêtue d'un kimono raffiné. La rivière qu'elle devait traverser était en crue et le pont avait été arraché par la force du courant. Le vieux sage la prit dans ses bras, la souleva délicatement et traversa fermement la rivière. Arrivé sur l'autre versant, il la déposa tranquillement sur la terre ferme. Le disciple ne dit mot jusqu'au soir. Arrivé devant le temple, il ne put contenir sa colère. Il plongea son regard dans celui de son Maître et lui dit qu'il avait mal agi, que leur religion leur interdisait de toucher une femme, surtout si celle-ci possédait autant de charme. Le vieux sage le regarda droit dans les yeux et lui dit : « *Ah, tu parles de cette jeune femme que j'ai laissée de l'autre côté de la rive. C'est drôle, moi je l'ai déposée là-bas et toi il semblerait que tu l'aies emportée jusqu'ici !* »

---

(1) Le texte original est de Miyamoto Musashi, l'un des plus grands Samouraïs du Japon, à la fois peintre, calligraphe et auteur :

« Il faut vénérer les buddhas et divinités, mais ne pas compter sur eux. »

31.
La volonté

Chaque pensée positive est une volonté.

Chaque volonté est une action : celle de diriger ta personne vers le chemin du bien-être. Égoïstement le tien avant les autres, car comment apporter du bonheur autour de toi si tu n'es pas toi-même heureux ?

Chaque moment est une opportunité pour créer une pensée positive. Tu vis au milieu d'une société qui ne pense pas comme toi. Tu n'es ni à la recherche du pouvoir ni de l'argent. Ta recherche est plus spirituelle et tu sais parfaitement que le plus court chemin d'une sensibilité à une autre est la pensée. Fasse que celle-ci soit la plus belle possible et souviens-toi que ce que tu vas réellement transmettre à tes proches n'est pas ce que tu possèdes mais ce que tu as créé.

Chaque création passe d'abord par une pensée.

Chaque pensée peut devenir un « attrape-bonheur ».

Tout est une question de volonté.

32.
La pensée

Tu es une source de résonance. Parfois les mots ne sont pas utiles, seules tes intentions suffisent. Si elles sont sincères, ceux qui t'entourent le sentiront. Tu créeras toi-même une vague d'amour qui résonnera dans le cœur des autres. Elle provoquera le changement intérieur de ceux qui t'écou teront.

Utilise ta pensée intérieure et provoque le changement. Tu as le pouvoir de le faire ! Les pensées existent. Elles vivent en toi et ont la capacité de prendre vie à partir de tes désirs. Elles attirent les êtres ou les événements qui présentent de l'intérêt pour toi. Il suffit de le vouloir et surtout d'y croire. Ne doute jamais de leur immense pouvoir.

Tu es ce que tu penses. Tu peux être ce que tu veux devenir. Tu es énergie et selon que tu sois positif ou négatif, tu attireras vers toi l'une ou l'autre. Tu dois apprendre à contrôler tes pensées car elles sont le reflet de ton être. Elles peuvent te faire du bien ou du mal. Tout dépend de la manière dont tu les alimentes. Elles ont un pouvoir sur toi et les autres. Elles sont également reliées à l'univers. Leurs pouvoirs sont illimités. Tes limites ne sont que celles que tu t'imposes. Elles sont à l'origine des croyances et de la foi. Tu peux facilement t'imaginer toute l'étendue de leur puissance. Elles sont de véritables passerelles pour faciliter la concrétisation de tes désirs. Elles sont des raccourcis qui permettent à tes idées de devenir des réalités. Si tu crois en elles, alors tu ouvriras une porte magique où plus rien ne te sera inaccessible.

Rien de ce qui t'arrive n'est dû au hasard, tes pensées y sont pour quelque chose. Celles des autres également car tu fais partie du « *Cercle Sacré* » (1). Plus tu crois en leur pouvoir créateur, plus tu verras leur effet. Plus tu les utiliseras, plus le résultat se manifestera.

Tes pensées peuvent avoir une influence tellement importante dans ta vie qu'elles sont bien plus que ce qu'elles représentent. Elles sont une force qui possède une existence réelle. Elles vivent en toi et occupent une place importante dans ton existence. Elles bougent, elles se transforment et t'accompagnent aussi longtemps que tu le veux. Contrôle-les et elles deviendront le meilleur de tous tes alliés.

---

(1) Le « Cercle Sacré » décrit la philosophie de la vie adoptée par la majorité des Premières Nations Amérindiennes. Il suppose un lien étroit entre les humains et le Créateur qui se situe au centre du Cercle. Le respect pour la Nature, la vie Animale et toute la Création est omniprésent. La philosophie du Cercle Sacré demande de vivre en harmonie avec la Nature, les Animaux, le Monde Spirituel et tous nos frères et sœurs humains.

33.
La différence

Si tu acceptes la différence comme une richesse, alors tout point de vue autre que le tien peut devenir une source de réflexion et de méditation.

La vérité est comme un miroir tombé du ciel qui s'est brisé sur notre mère la Terre. Chaque morceau n'est qu'une partie d'un tout. Il est impossible de détenir la vérité absolue car trop de morceaux se sont éparpillés ici et ailleurs. (1)

Plutôt que de défendre ta vérité, il serait alors plus sage d'accueillir celle des autres. Cela te permettra d'élargir ton champ de conscience et de t'ouvrir à d'autres horizons. Pour une fois laisse de côté ta raison et écoute ton cœur. Avoir du cœur est plus important qu'avoir raison ! Et souviens-toi que ta réalité n'est pas forcément celle de ton voisin.

Si tu fais l'effort de comprendre l'autre, si tu apprends à parler son langage, si tu réussis à te mettre à sa place, il y a de

---

(1) Le texte original est de Djalāl ad-Dīn Muḥammad Rūmī, un mystique persan musulman qui a été profondément influencé par le soufisme :

« La vérité est un miroir tombé de la main de Dieu et qui s'est brisé. Chacun en ramasse un fragment et dit que toute la vérité s'y trouve .»

fortes chances que tu arrives à mieux communiquer avec lui. Ce n'est pas la confrontation que tu dois chercher, mais la compréhension. C'est un exercice qui te permettra de puiser en toi le meilleur.

Plus ton interlocuteur sera déterminé, plus il te poussera à développer ton potentiel le plus élevé. N'oublie pas la puissance de la théorie des dominos : un acte de bonté en entraîne un autre. Un acte de compréhension et d'empathie en entraînera un autre. Et au lieu de lutter l'un contre l'autre, tu avanceras côte à côte avec lui.

34.
Le don de soi

Es-tu capable de te donner à l'autre ou crains-tu de t'affaiblir si tu t'offres tel que tu es ? Mm, je sens encore de la méfiance en toi. En te montrant sans masque, tu as peur de t'abandonner et que l'autre profite de tes faiblesses. Tu as encore et toujours besoin de garder le contrôle de la situation. Quel dommage car tu passes à côté d'une véritable rencontre en ne te contentant que du superficiel.

Donne ce que tu peux donner au lieu de t'attendre à recevoir. Sois libre dans ta tête et dans ton corps. Cette liberté est la porte ouverte au vrai bonheur. Si tu l'atteins, ton énergie coulera sereinement dans tes veines et tu t'apercevras que tes blocages disparaîtront comme par magie.

Nous avons tous des portes à découvrir, puis à ouvrir. Elles sont là parfois cachées au plus profond de nous. Quand le moment est juste, elles remontent à la surface entre notre conscient et notre inconscient. Ne les cherche pas exclusivement dans ta réalité, laisse-les venir dans tes rêves. Elles sont l'interprétation de la personne que tu es réellement. Si tu apprends à les recevoir sans contrainte, si tu les laisses venir à toi naturellement, elles auront beaucoup à t'offrir. Il suffira ensuite de trouver le trousseau qui possède la bonne clef : celle de l'interprétation de la symbolique des rêves.

35.
Le rêve

Lorsque le rêve devient réalité, tu es en droit de te poser cette question : « *Combien de temps durera mon bonheur ?* ». Lorsque tu auras atteint ton objectif, que feras-tu par la suite ? Seras-tu satisfait ou, au contraire, baisseras-tu les bras ?

Souvent les athlètes de haut niveau, une fois leurs objectifs atteints, ont une période de déprime totale. Alors qu'ils devraient être heureux d'avoir remporté cette médaille d'or, ils sont paradoxalement abattus. Toutes ces années d'effort pour quelques secondes de bonheur intense, et après ?...

Après, il faut rêver à une autre aventure afin de poursuivre ta quête humaine. La route de l'apprentissage est infinie, c'est ce qui la rend si belle.

Tâche de rêver au-delà de toutes tes espérances. C'est une belle manière d'avancer. Les rêves sont nos alliés, même si ce n'est pas dans leur réalisation que se trouve le bonheur. Il se cache dans les différentes étapes qui t'amènent à les réaliser. C'est le chemin que tu empruntes qui compte et non la destination. Ce sont toutes ces découvertes, toutes ces émotions, toutes ces joies et ces peines qui t'amènent à te dépasser, qui te permettent de trouver un sens à ta vie.

De tout temps le rêve a accompagné les chamanes, les artistes et les « *magiciens* ». Il avait alors une valeur de prémonition et de source d'inspiration. Pour toi quelle valeur a-t-il ? Juste une fonction à laquelle tu n'attaches aucune importance ou une porte ouverte vers ton inconscient ?

Avoir de grands rêves t'indiquent une direction de vie. Chaque pas que tu feras dans leur réalisation t'enrichira. Si tu sais capturer tes rêves et les entretenir, alors ils peuvent devenir les plus efficaces des guides. Ils sont le langage de ton âme.

Tout est possible puisque tu l'as rêvé !

Inspiration

Le vieux sage eut plusieurs métiers avant d'accéder à la sagesse. Un des tout premiers, était de casser les rochers d'une montagne pour utiliser les cailloux à la fabrication des routes. À cette époque éloignée, il travaillait de longues heures tous les jours de la semaine sous le soleil brûlant. Il désirait ardemment changer de métier, mais il ne savait rien faire d'autre que briser des pierres. Un jour alors que le sommeil le gagnait, il rêva qu'il était roi. Il se vit sillonner son royaume à cheval, vêtu de riches et lourds vêtements. Mais le soleil était torride et le roi suffoquait. Il se dit que s'il avait la puissance du soleil, il illuminerait les hommes et leur apporterait de la chaleur. Il devint le soleil. Il éclaira les hommes de l'aube au crépuscule en les chauffant de ses rayons. Mais un nuage passa par là qui le masqua et une ombre couvrit la surface de la terre. Il se dit que le soleil n'était pas aussi puissant qu'il le pensait. Il voulut devenir un nuage et aussitôt, il se transforma en un énorme nuage qui déversait ses pluies aux bons moments et qui aidait les hommes à avoir d'abondantes récoltes. Puis un jour, il s'aperçut qu'il ne pouvait pas dépasser la montagne qui était trop haute pour lui. Il voulut être cette montagne qui protégeait les hommes du vent et était plus forte que lui. Il devint la montagne. Il était si fier de sa nouvelle puissance ! Mais regardant à ses pieds, que vit-il ? Un jeune homme qui le brisait en petits morceaux pour faire des routes... Il se réveilla plus heureux que jamais !

36.
Les classiques

N'oublie pas les classiques de ta vie. Ils sont ta fondation stable et solide. Ils sont la base de ton évolution. Ils sont cet ensemble ordonné de lettres qui te permet d'écrire un mot puis une phrase. Ils sont l'héritage de tes prédécesseurs. Cultive-les et entretiens-les. C'est l'unique voie qui permettra à tes Maîtres de ne jamais mourir.

Certains sont faciles à trouver. Ils sont à la disposition de celle ou celui qui prend la peine de partir à leur recherche. Tu les trouves dans la littérature, dans la musique ou dans les arts de la scène. D'autres se cachent dans l'ombre.

Chaque être humain renferme un trésor. Chaque personne âgée est comme un livre d'histoire qui, à sa disparition, se referme à tout jamais. Si tu ne t'en préoccupes pas, tu risques de perdre irrémédiablement toutes ces précieuses informations. Ne laisse pas le temps les engloutir dans l'oubli.

Par ta présence et par l'étude des classiques, tu ne fais qu'entretenir leur existence. Grâce à toi, les maîtres du passé deviennent immortels. Et si tu accomplis avec passion cette phase de ton existence, toi aussi tu laisseras ton empreinte pour la prochaine génération. Un pont existera encore et toujours entre le passé, le présent et le futur, entre le désir et le besoin, entre le respect des valeurs et les Maîtres d'antan.

37.
L'abondance

Plus tu possèdes de choses et moins tu profites d'elles. Pareil à un enfant qui se lasse d'un jouet, tu en veux un nouveau ; et dès que tu l'as, tu penses déjà au prochain !

Tu t'imagines que le bonheur est toujours loin de toi alors qu'il est juste à portée de regard. Au lieu de savourer en pleine conscience ta source de joie, tu la délaisses pour une autre. Tu ne fais rien en profondeur, tu restes en surface. Que ce soit dans tes possessions ou dans tes amis. Quel dommage de te laisser berner par l'illusion de l'abondance alors que la félicité se trouve dans la simplicité.

Un des principes du bonheur est d'explorer ce que tu possèdes déjà et non d'accumuler d'autres biens. Dès que tu te projettes vers ce que tu n'as pas, tu ressens un vide et de la frustration – que ce soit dans ta vie amoureuse ou dans l'accumulation de tes objets.

Ne crois pas que ta vie serait plus agréable si tu étais avec une autre personne ou si tu faisais un autre métier que le tien, car il y a de fortes chances que cette autre personne ou cet autre métier aient également leurs côtés obscurs.

Guéris tes blessures et tu ne ressentiras plus le besoin de combler tes manques. Ta vie ne se résume pas aux biens que tu accumules mais au bien que tu fais autour de toi. De toute manière, la vie est éphémère et toute acquisition est temporaire. Seule l'utilisation de tes biens pour aider les autres recèle une réelle valeur.

38.
Le sourire

Dans chaque être humain se cache un sourire qui bien souvent est retenu. Chaque fois que tu le libéreras, il entraînera dans son sillage celui des autres. Alors ta confiance grandira et tu deviendras un créateur d'émotions. Et les sourires de ceux qui t'entourent seront autant de preuves que tu es sur le bon chemin.

Le bonheur crée le bonheur et l'amour crée l'amour. Ce sont les forces les plus puissantes et les plus contagieuses de l'univers. Elles sont illimitées et inusables. Plus tu les utiliseras, plus elles grandiront en toi.

Devenir un créateur d'émotions est un don qui est à la portée de tous. Qu'y a-t-il de plus beau que le sourire et la joie de ceux qui t'entourent ? Le bonheur n'est pas un sentiment qui vient par hasard, c'est un sentiment que tu peux créer à n'importe quel moment et dans n'importe quel lieu.

Puisque le bonheur existe, ne t'en prive pas.

39.
La vie

Aborde la vie avec passion et imagine-la comme une personne dont tu serais amoureuse ou amoureux. Apprends à la connaître et à te laisser séduire par elle. Ensuite, vis cette relation comme la plus belle des liaisons amoureuses. Découvre-la, apprécie-la et aime-la inconditionnellement. Si tu t'éprends sincèrement d'elle, elle répondra à ton amour en t'offrant des leçons. Certaines seront cruelles, d'autres seront très belles, mais chaque leçon sera une étape supplémentaire pour te permettre de grandir !

La vie possède le pouvoir de t'initier à ses mystères qui souvent passent inaperçus aux yeux des « *ombres* » ou à ceux qui ont trop souffert à ses côtés.

Peut-être es-tu en désaccord avec ta propre existence ? Peut-être que tu n'admets pas que ta vie n'est pas celle dont tu as toujours rêvé ? Pourtant il n'est jamais trop tard pour reprendre les rênes de ton existence. En la dirigeant à nouveau, en grandissant avec elle, tu formeras en sa compagnie un couple harmonieux. C'est à ce moment précis qu'elle te révélera une âme sœur – un homme ou une femme – qui possède la même maturité que toi et qui est là pour t'aimer, te soutenir et t'aider. Elle te permettra d'accéder plus facilement à ta lumière intérieure. De là naîtra une relation saine et équilibrée, comme si deux âmes qui s'étaient quittées dans une autre vie, se retrouvent enfin dans celle-ci. C'est à ce moment précis de ton existence que tu ressentiras ce que les « *magiciens* » appellent « la sincérité émotionnelle » : un sentiment vrai et profond d'écoute, de partage et de reconnaissance perpétuelle. Quel beau cadeau que celui-là !

Épilogue

Que font les « *ombres* » ?

Ils vendent notre mère la Terre alors qu'elle ne leur appartient pas. Ils oublient que nous en sommes tous locataires pour un temps limité ! Et comme elle n'est pas dupe, elle nous le fait payer de temps à autre. C'est lorsqu'elle se fâche que nous réalisons combien nous sommes faibles et petits face à sa colère.

La Terre n'est pas notre propriété. En revanche, nous sommes responsables de sa bonne santé. Nous devons la protéger et en prendre soin.

Comme disaient nos frères Amérindiens, notre seul devoir est de la laisser dans un meilleur état que celui dans lequel nous l'avons trouvée. Si nous acceptions cette simple règle morale, je sais que le monde tournerait mieux et que la Terre serait plus en harmonie avec ses habitants.

Aussi, gardons à l'esprit ce que nos frères Orientaux savent depuis des millénaires : l'homme vient au monde en étant infirme et il lui faut discipline, régularité et travail pour lui permettre de retrouver cette unité qui passe par le corps et l'esprit. Deux éléments qui nous permettent d'être à nouveau centrés et sensibles au monde qui nous entoure.

En apprenant à « être » tout simplement, nous nous tatouerons la sincérité dans le cœur et nous prendrons conscience de l'aspect éphémère de notre existence. Être « Un » c'est tout simplement s'unir à la Terre et aux frères et sœurs qui nous accompagnent dans notre chemin de vie.

L'homme comme l'arbre a besoin de connaître ses racines pour comprendre d'où il vient et savoir où il va. Nous pourrons ainsi exprimer le monde à travers notre regard et toucher les autres à travers nos actions.

Tant que nous aurons le pouvoir de rêver, tant que nous aurons en nous tous les rêves du monde visible et invisible, tout sera possible. Les rêves permettent de créer des ponts entre l'imaginaire et le réel, et entre l'ancien et le nouveau.

Aujourd'hui n'est pas le dernier jour de notre vie, mais bien le premier ! Soyons curieux comme l'enfant qui découvre le monde qui l'entoure et prenons conscience de sa beauté. C'est en vivant chacune de nos aventures comme si c'était la première fois que nous les expérimentions que la vie nous offrira de belles émotions.

Si nous simplifions notre vie, nous ne la rendrons certainement pas parfaite, mais elle nous offrira plus de profondeur.

Si nous respectons la vie, elle nous respectera aussi. Et peut-être qu'à force de rêver à un monde meilleur, notre rêve deviendra un jour une réalité.

Je crois au pouvoir du rêve ! Et vous ?

Un dernier cadeau anonyme

Texte Trouvé Dans Une Église De Baltimore, 1692

Allez tranquillement parmi le vacarme et la hâte et souvenez-vous de la paix qui peut exister dans le silence.

Sans aliénation, vivez, autant que possible en bons termes avec toutes les personnes. Dites doucement et clairement votre vérité. Écoutez les autres, même les simples d'esprit et les ignorants, ils ont eux aussi leur histoire.

Évitez les individus bruyants et agressifs, ils sont une vexation pour l'esprit.

Ne vous comparez avec personne : il y a toujours plus grands et plus petits que vous. Jouissez de vos projets aussi bien que de vos accomplissements. Ne soyez pas aveugle en ce qui concerne la vertu qui existe.

Soyez vous-même.

Surtout, n'affectez pas l'amitié. Non plus ne soyez pas cynique en amour car, il est, en face de tout désenchantement, aussi éternel que l'herbe.

Prenez avec bonté le conseil des années en renonçant avec grâce à votre jeunesse.

Fortifiez une puissance d'esprit pour vous protéger en cas de malheur soudain. Mais ne vous chagrinez pas avec vos chimères. De nombreuses peurs naissent de la fatigue et de la solitude.

Au delà d'une discipline saine, soyez doux avec vous-même. Vous êtes un enfant de l'univers, pas moins que les arbres et les étoiles. Vous avez le droit d'être ici. Et, qu'il vous soit clair ou non, l'univers se déroule sans doute comme il le devait. Quels que soient vos travaux et vos rêves, gardez dans le désarroi bruyant de la vie, la paix de votre cœur. Avec toutes ses perfidies et ses rêves brisés, le monde est pourtant beau.

Tachez d'être heureux.

Remerciements :

C'est naturellement à la fin de ce livre que je peux multiplier mes remerciements par le nombre d'âmes qui m'ont aidé à son élaboration.

Pour leurs dons précieux, je tiens à applaudir :

– Domi Serra, ma première lectrice, qui a le pouvoir de m'inspirer par ses mots et ses magnifiques suggestions.

– Fred Colantonio, un auteur/conférencier comme je les aime.

– Kathleen Schultz, qui m'a permis de développer mes « pouvoirs ».

– Marc Serin, un homme aux multiples talents, qui est et restera pour toujours mon correcteur de français et une de mes âmes sœurs.

– Francis Tabary, un champion du monde de magie qui a plus d'un tour dans son sac. Ses créations sont de véritables paradoxes.

– Mon ami Olivier Grenson, pour son magnifique dessin.

– Jean Dufaux, un scénariste de talent qui m'a fait l'honneur d'écrire la préface de cet ouvrage.

– Jean-Pierre Vallarino, Davide Costi, Filippo Allata et Fred Mastro, mes autres âmes sœurs.

– Miguel et Pepita Vaquera, qui très tôt m'ont laissé voler de mes propres ailes.

– Mon éditeur Eric Lamiroy qui depuis tant d'années me suit avec fidélité.

– Et toi, ami lecteur, qui est la vraie raison d'être de ces mots alignés.

Distribution en librairie

BELGIQUE, FRANCE ET BENELUX

MAISON DE LA POÉSIE D'AMAY
BP 12, B–4540 AMAY
Tél. : + 32 (0) 85 31 52 32 – Fax : 00 32 (0) 85 31 54 32
distribution@maisondelapoesie.com

AUTRES

ÉDITIONS LAMIROY
Rue Solleveld 31/1, B–1200 WOLUWE-SAINT-LAMBERT
edition@lamiroy.be
www.lamiroy.be

LES ÉDITEURS
Librairie-Galerie
Rue de Flandre 23, B–1000 BRUXELLES
www.lesediteurs.be

Inspirations
CARLOS VAQUERA
Éditions Lamiroy

Cinquième tirage

Ouvrage corrigé par Serge Ryckoort
www.emelire.com

Imprimé dans la dignité sur les presses de la Maison de la poésie d'Amay en Belgique.

ISBN : 978-2-87595-007-9
Dépôt légal : 2013/13239/08
www.lamiroy.be

Découvrez également aux Éditions Lamiroy :

Les premières fois / Eric Laforge

Fusion / Sophie Flamand

Les dessous chics 1, 2 & 3 / Stefan Cuvelier et Hugues Hausman

Allo Bowie ? C'est David ! / Laurent Rieppi et Yves Budin

La Mijole pour tous / Joske Maelbeek et Louis-Michel Carpentier

Un lion à Moscou / Maxime Lamiroy et Patryck de Froidmont

Inspirations / Carlos Vaquera

100 perles de sagesse du Dalai Lammers / Gilles Dal et Fred Jannin

Discrépance et Simulacre / Marc Peeters

Je vous ai apporté mes bons mots / Richard Ruben

Rock and Roll Duo 1 & 2 / Piero Kenroll et Pierre Guyaut

Crispations / Eric Russon

Loin du monde / Hugues Hausman

L'abécédaire du Norfolk / Mister Emma

S. aime S. / Nicolas Buytaers

11 Slams / Jean-Louis Aisse et Patryck de Froidmont

Kissionnaire / Gorian Delpâture et Yves Budin

Tokyo Fiancée Chronicle / Stefan Liberski

Une nouvelle forme de vie / Véronique Pouzeratte

Incertitudes / Nathalie Dumont

Légendes / Brice Depasse

Ibiza Artlines / Jeanlouis Boccar

Chagall Rêveur forever / Céline Verlant et Yves Budin

Nuages / François De Brigode

1815 la dernière bataille / Patrick Chaboud

Vitor Hublot / Guy Clerbois

Jannin & nous : trop de tout / Fred Jannin

Lettres et le néant / Jean-Louis Aisse et Jean-Claude Salémi
Fécamp / Pierre Guyaut
Chestov / Maxime Lamiroy
Chefs-d'œuvre oubliés du cinéma édifiant / Stefan Liberski
En chaque être sommeille un livre / Eric Lamiroy
Lemmy (Fr et Nl) / David Peeters
Lueurs d'espoir / Frédéric Moreau de Bellaing
Zombie (Fr et Nl) / Alain Poncelet
La Mystérieuse disparition de Madame Marie / Marie et ses élèves
Stromae est mort à New York / Thierry Coljon et Yves Budin
Coucou t'es là + Transferts accidentels / Mario Guccio
Monsieur S / Véronique Jannin
Wati, le petit nuage / Patryck de Froidmont
Salma vers les étoiles / Hugues Hausman
Mosaïca / Serge Théate
Énantiotrope / Colette Boucart
Abécédoors / Gorian Delpâture et David Peeters
La vérité sur les câlins / Sophie Flamand et Renaud Dillies
Max + Aveux soumis / Mario Guccio
Smile Star / Théo Burton
Je t'écris du 20e siècle / Joël Hortegat
Expirations / Carlos Vaquera
20 ans déjà / Jeanlouis Boccar
Du père comme fondation de la personnalité / Hugues Hausman
Les dissidents de l'amer / Pierre Guyaut
Allez Allez / Marka
Calembredaines / Hugues Hausman
Bonobo Moussaka / Adeline Dieudonné
Motorbook / Pierpont - Patchouli - Poncelet

Expirations
Carlos VAQUERA
Lamiroy